Alexandra Funk & Ralf Apel

Hexen, Herbst & Halloween

Vielseidig Verlag

Einen kühlen Guten Tag !

Draußen weht ein kalter Wind. Die bunten Blätter wirbeln umher. Eine einsame Vogelscheuche bewacht das Feld. Im Blätterhaufen hört man ein leises Rascheln. Da ! Eine kleine Nase spitzt hervor. Igor Igel bereitet sich auf den Winterschlaf vor. Doch was flattert da zwischen den Bäumen herum ? Kleine Elfen sind's. Lustig wuseln sie in der Luft umher und ziehen mit Ihren Zauberstäben kleine Leuchtstreifen. Im alten Schloß hört man Stimmen und weiße Schatten huschen durch die Gänge, während im Vorgarten ein dunkles Kichern aus dem Kürbisfeld klingt. Die bunte Welt erzählt viele Geschichten. Bunte Bilder im Fenster erzeugen diese Phantasien. Jetzt ist die Zeit gekommen - Die Zeit für Hexen, Herbst & Halloween !!!!

Tolle bunte Tage wünschen

Sandy & Ralfi

Material, Tips & Tricks

Farben: Window-Color Glasmalfarben. Diese Farbe wird auf spezielle Folie gemalt, getrocknet und kann dann von der Folie abgezogen werden. Die Bilder haften auf allen glatten Flächen. Tragen Sie die Farben reichlich auf. Das Konturenmittel nicht zu dünn, die Bilder können sonst beim Abziehen reißen.

Folien: Es werden im Fachhandel spezielle Folien angeboten. Verwendet werden kann aber auch Blumenfolie und Prospekthüllen. (Bitte vorher testen) Für Mobiles gibt es eine extra feste Folie von der die Farbe nicht mehr abgezogen werden kann. Die Motive werden dabei mit der Farbe ausgeschnitten.

Transparentkügelchen: Sie werden in die feuchte Farbe eingestreut.

Flimmer: Wird ebenfalls in die feuchte Farbe eingestreut.

Konturenfarben: Es gibt viele verschiedenfarbige Konturen. Wir haben hier fast immer schwarze Kontur verwendet. Für sehr feine Konturen bietet der Fachhandel Konturenfläschchen mit Metalldüsen an.

Zahnstocher: Man braucht sie, um die Farbe an die Kontur zu streichen. Auch lästige Bläschen in der Farbe kann man mit einem Zahnstocher oder ähnlichem zerstechen.

Vorsicht! Bei extremer Hitze oder Kälte können die Bilder am Fenster beim Abnehmen kaputt gehen. Warten Sie dann einfach bis sich die Temperatur etwas normalisiert hat.

So Geht's

1 Legen Sie Ihre Motivvorlage unter die Folie. Von hinten mit etwas Klebeband befestigen, damit die Vorlage nicht verrutschen kann.

2 Nun die Konturenflasche knapp über die Folie halten und die Kontur mit gleichmäßigem Druck herauslaufen lassen. Die Kontur muß überall geschlossen sein und darf keine Bläschen haben. Falls doch, bitte mit einem Zahnstocher zerstechen und mit Kontur nachfahren.

3 Nach dem Trocknen der Kontur (ca. 3 Std.) können die einzelnen Felder mit Farbe ausgefüllt werden. Die Farbe sehr dick auftragen und bis an den Rand malen. Blasen zerstechen und den Flimmer und die Kügelchen einstreuen. Nach einer Trockenzeit von mind. 24 Stunden kann das fertige Bild von der Folie gezogen werden. Die Bilder haften an allen glatten Flächen ohne Kleber.

3 kleine Elfen...

Motivhöhe:	22 cm
Kontur:	Schwarz & Farblos
Farben:	Frost, Goldgelb, Haut, Orange, Maigrün, Schwarz, Gold Glitzergold, Pink, Mohnrot, Türkis, Blau,
Material:	Perlmuttflimmer

Wer diese 3 lieben Elfen herumschwirren sieht hat einen Wunsch frei... Die Flügel der winzigen Wesen sind aus Frost und farbloser Kontur gemalt. Perlmuttflimmer wird in die feuchte Farbe eingestreut. Die Zauberstäbe sind in Gold und Glitzergold ausgemalt.

Ferdinant Vogelscheuche

Motivhöhe:	39 cm
Kontur:	Schwarz
Farben:	Grau, Schwarz, Rehbraun, Orange, Haut, Goldgelb, Blau, Grün, Rot, Pink, Maigrün, Dunkelgrün, Bernstein, Weiß
Material:	Transparentkügelchen in Rot

Igor Igel

Motivhöhe:	32 cm
Kontur:	Schwarz
Farben:	Glitzergrün, Rehbraun, Orange, Rot, Haut, Bernstein, Grün
Material:	Transparentkügelchen in Grün und Rot

Der Heuhaufen hinter dem Igor hervorlugt ist in Bernstein angelegt und mit Rehbraun aufgelockert. Der Apfel sieht plastischer aus wenn man etwas Orange mit Rot mischt. Dazu beide Farben auftragen und mit einem Zahnstocher ineinander verrühren. In die feuchte Farbe die Kugeln einstreuen.

Bunter Flug

Motivhöhe:	36 cm
Kontur:	Schwarz
Farben:	Violett, Goldgelb, Orange, Weiß, Rot, Blau, Sonnengelb, Glitzerblau, Türkis, Schwarz,
Material:	Perlmuttflimmer

Bei unserem Kunterbunten Drachen müssen Sie beim Abziehen von der Folie etwas vorsichtig sein. Der Schweif kann sich leicht verheddern und die Farben zusammenkleben. Am besten Sie ziehen das Motiv zu zweit von der Folie und befestigen es am Fenster.

Gruselkürbis

Motivhöhe: 29 cm
Kontur: Schwarz
Farben: Grau, Schwarz, Violett, Orange, Sonnengelb, Maigrün, Olive
Material: Transparentkügelchen in Rot

Auch hier beim Abziehen etwas vorsichtig vorgehen. Es gibt auch noch die Möglichkeit die Zwischenräume mit Kristallklar aufzufüllen. Das sieht zwar nicht so schön aus, aber das Motiv kann wesentlich leichter von der Folie gezogen werden.

HIER HAUST
FAM.
PIEPS

Alter Baum

Motivhöhe:	35 cm
Kontur:	Schwarz
Farben:	Rehbraun, Hellbraun, Bernstein, Haut, Orange, Grün, Glitzergrün, Weiß, Hellblau, Grau, Sonnengelb
Material:	Transparentkügelchen

Der Baumstamm wird verlaufend gemalt. Tragen Sie die beiden Brauntöne auf die Folie auf und verziehen die Farben mit einem Zahnstocher ineinander. Die Kugeln in die feuchte Farbe einstreuen. Vorsicht beim abziehen! Wenn Sie beim Schild, beim Eichhörnchen und oben beim Vogelnest mit Kristallklar die Zwischenräume ausfüllen, geht das abziehen leichter.

Herzlich Willkommen!

Motivhöhe: 23 cm
Kontur: Schwarz
Farben: Glitzergrün, Weiß, Rehbraun, Orange, Rot, Türkis

Die Ameise und das Blatt werden ganz normal ausgemalt. In die feuchte Farbe die Kügelchen einstreuen. Nun die Farbe völlig trocknen lassen und mit schwarzem Konturenmittel Schrift aufmalen.

-LICH
WILLKOMMEN

Von Vogelscheuchen, Igeln und Kürbissen....

Motivhöhe:	66 cm
Kontur:	Schwarz
Farben:	Hellbraun, Rehbraun, Haut, Orange, Olivgrün, Bernstein, Grau, Schwarz, Sonnengelb, Glitzerviolett, Magenta, Grün, Weiß
Material:	Transparentkügelchen

Die Borte ziehen Sie je nach Fenstergröße etwas auseinander oder lassen bei kleinen Fenstern einfach einige Teile raus. In die noch feuchte Farbe werden die Kugeln eingestreut. Zwischenräume können nach belieben mit Kristallklar aufgefüllt werden.

Die kleine Vampirlady

Motivhöhe:	40 cm
Kontur:	Schwarz
Farben:	Weiß, Irisierend, Frost, Haut, Orange, Rot, Magenta, Glitzerviolett, Schwarz, Grau, Pink, Glitzergrün
Material:	Transparentkügelchen in Blau, Perlmuttflimmer

In den Schleier der echt gruseligen Lady, der in Frost angelegt ist, streuen Sie Perlmuttflimmer. Die Spinnwebe am Bein kann nachträglich mit Konturenmittel oder einem schwarzen Fineliner aufgemalt werden.

Die Vogelscheuche

Motivhöhe:	37 cm
Kontur:	Schwarz
Farben:	Weiß, Sonnengelb, Rot, Orange, Bernstein, Grün, Türkis, Blau, Dunkelblau, Glitzerviolett, Violett, Rehbraun, Schwarz, Grau
Material:	Transparentkügelchen

Legen Sie den Hut in Schwarz an und tropfen ein wenig Grau in die schwarze Farbe. Mit einem Zahnstocher verrühren Sie die Farben ineinander. Zwischenräume eventuell mit Kristallklar ausfüllen. Das erleichtert das Abziehen von der Folie und Anbringen am Fenster.

Ein Geisterhafter Friesenbaum

Material:	Friesenbaum mit Standfuß ca. 60 cm Mobilefolie 2 kleine Zylinder 2 weiße Glöckchen Etwas Watte Je 2m schwarzes und weißes Satinband Weiße und schwarze Bastelfarbe
Kontur:	Schwarz
Farben:	Weiß, Schwarz, Rot, Pink, Blau, Silberglitzer, Gelb, Orange

Malen Sie den Friesenbaum zuerst mit der Bastelfarbe an. Die Geister werden auf die Mobilefolie gemalt und mit der Folie ausgeschnitten. Unten einen Rand zum Kleben stehenlassen. Nun die Geister mit Heißkleber am Baum befestigen. Zum Schluß den Friesenbaum mit Bändern und Zylinder dekorieren.

Rudolph Rabe

Motivhöhe:	21 cm
Kontur:	Schwarz
Farben:	Weiß, Sonnengelb, Bernstein, Grau, Schwarz, Rot, Blau
Material:	Transparentkügelchen in Rot

Rudolph nach Anleitung vorne malen und Transparentkügelchen in die feuchte Farbe vom Schnabel einstreuen.

Eine echt schwere Last!

Motivhöhe:	20 cm
Kontur:	Schwarz
Farben:	Rehbraun, Orange, Rot, Goldgelb, Weiß, Hellbraun
Material:	Transparentkügelchen in Rot

So ein Apfel kann für eine kräftige Ameise trotzdem sehr schwer sein. Die Ameise wird ganz normal nach Anleitung gemalt und die Kugeln in die feuchte Farbe eingestreut. Der Zwischenraum beim Gesicht kann mit Kristallklar ausgemalt werden.

Vielseidig Verlag

Weitere Hefte von A. Funk und R. Apel:

Happy Halloween
Ungeheuerliche Deko für die ultimative Gruselparty
Heft 14x20 cm
ISBN 3-930529-30-0

Im Schein der Laterne
Tierisch knuddelige Ideen für Laternen und Tischlichter mit Window-Color
Heft 14x20 cm
ISBN 3-930529-55-6

Laubanger 19b 96052 Bamberg **Vielseidig Verlag** GmbH Tel. 0951/ 6 89 97 Fax. 0951/ 60 32 99